Juden und Palästinenser

Stephan Effenberger

EdS-Verlag

Juden und Palästinenser

oder die zwei und die zehn
(doch nicht verlorenen!) Stämme

und der Tempel Israels

Stephan Effenberger

Bibliografische Information der Deutschen Nationalbibliothek
Die Deutsche Nationalbibliothek verzeichnet diese Publikation in der Deutschen Nationalbibliografie; detaillierte bibliografische Daten sind im Internet über http://dnb.d-nb.de abrufbar.

 EdS-Verlag, einheit-der-schrift.de
Lektorat & Gestaltung: Claudia Troßmann, trossmann.eu
Druck: Books on Demand GmbH, Norderstedt
ISBN: 3-939854-02-6
ISBN: 978-3-939854-02-9

Inhalt

Vorwort

Im Namen des HERRN, des GNADENVOLLEN,
des BARMHERZIGEN

Liebe Leserinnen und Leser,
zunächst möchte ich Ihnen in Grundzügen noch einmal wichtige Stationen in der Geschichte des Volkes Israel aufzeigen. Im Anschluss möchte ich auf der Bibel gründend verdeutlichen, dass es sich bei den „zehn verlorenen Stämmen Israels" um die heutigen Palästinenser handelt. Zuletzt möchte ich die Bedeutung eines zukünftigen Tempels bzw. einer Moschee des wiedervereinten Volkes Israel im Sinne der Propheten Israels veranschaulichen.
Die Kenntnis über mein Buch „Einheit der Schrift – die Tora und die Propheten Israels, das Evangelium und der Koran" ist zum Verständnis dieser Ausführung nicht erforderlich. Ohne einheitliche Leseweise der Heiligen Schrift von Juden, Christen und Muslimen wäre die Einheit von Juden und christlichen wie muslimischen Palästinensern jedoch kaum vorstellbar. Sei es ganz allgemein die Überwindung der auf den verschiedenen religiösen Vorstellungen beruhenden „Parallelgesellschaften" oder auch ganz unmittelbar die als Grundlage von allen Seiten anzuerkennenden Gesetzmäßigkeiten der Heiligen Schrift. Ich spreche dabei allerdings nur von elementaren Dingen, wie zum Beispiel die Anerkennung der Juden und Palästinenser als rechtmäßige Nachkommen und Bewohner des Landes Israel, die Grenzen Israels und den Tempel im inneren und äußeren Aussehen und dem dort zu verrichtenden GOTTES-Dienst. Es geht nicht um einen Staat, in dem der Mensch zu Glaubensbekenntnissen oder -handlungen gezwungen oder in dem die kulturelle Vielfalt der Menschen vereinheitlicht werden soll.
Viel Freude und Licht wünsche ich Ihnen im August 2007.
Stephan Effenberger

I. Ein Blick auf die Geschichte Israels/ Palästinas

In der Vergangenheit wurde auf jüdischer Seite viel darüber gemutmaßt, wo die „zehn verlorenen Stämmen“ Israels verblieben sein mögen. Von den Yucatan-Indianern, über einen kleinen Stamm in Indien, bis hin zu den Rastafaris. Es ranken sich kühnste Spekulationen darüber, was nun geschehen sein mag mit den zehn Stämmen des einstigen Nordreiches Israels.

Zur Erinnerung: Die Urväter der zwölf Stämme Israels sind die zwölf Söhne Israels, des Enkels Abraham. Nach dem Auszug der Israeliten aus Ägypten und deren Eroberung von Kanaan, dem heutigen Israel/Palästina, wurde jedem Stamm ein entsprechender Landesabschnitt zugelost.
Dereinst, kurz nach der Regentschaft Salomos, spaltete sich das junge Königreich Israel ca. 931 v. Chr. in zwei Reiche. Zum einen in das Südreich „Juda“, mit den Stämmen Juda und Benjamin und der Hauptstadt Jerusalem, zum anderen in das Nordreich „Israel“, mit den verbleibenden zehn israelitischen Stämmen und der Hauptstadt Samaria.

Im Jahre 722 v. Chr. wurde das Nordreich Israel von den Assyrern besiegt und die Israeliten wurden in das Exil verschleppt. Seither gelten die zehn Stämme des Nordreiches als die „zehn verlorenen Stämme“.

Das Südreich Juda erlitt damals ebenfalls das Schicksal der Deportation. Im Jahr 587 v. Chr., also 136 Jahre später, ergaben sich die Städte Judas einschließlich Jerusalem dem babylonischen König Nebukadnezar II.. Die Stämme Juda, Benjamin und auch die priesterlichen Nachkommen Levis, welche heute zusammengefasst als „Juden“ benannt werden, wurden nach Babylonien verschleppt.

Das Schicksal der Juden verliert sich, im Gegensatz zum Schicksal der zehn Stämme, jedoch nicht im Ungewissen. Gute vierzig Jahre nach deren Verschleppung findet das Babylonische Reich sein Ende durch den Perserkönig Kyros II., welcher die Juden wohlwollend aus ihrer Gefangenschaft entlässt (vgl. Esr 1,1 ff.).

Dass auch das Exil der zehn Stämme sein Ende nahm, wird biblisch betrachtet durch den Propheten Ezechiel angedeutet. GOTT spricht zu dem Propheten: „Du, leg dich auf deine linke Seite! Dann lege ICH die Schuld des Hauses Israel auf dich. So viele Tage, wie du auf dieser Seite liegst, trägst du ihre Schuld. Und ICH setze für dich fest: *So viele Jahre, wie die Schuld des Hauses Israel dauert, so viele Tage sollst du ihre Schuld tragen: dreihundertneunzig Tage.* Wenn du diese Zeit beendet hast, leg dich auf die andere, die rechte Seite und *trag vierzig Tage lang die Schuld des Hauses Juda: einen Tag für jedes Jahr*; so setze ICH es für dich fest.“ (Ez 4,4–6)

Anhand der Zeitangabe für das „Haus Juda“ wird deutlich, dass es sich bei der zu tragenden Schuld um die Jahresangaben für die Dauer des Exils handeln muss. Gut vierzig Jahre, nachdem die Juden in die Verbannung ziehen mussten (586 v. Chr.), konnten sie wieder zurückkehren (538 v. Chr.) und den neuen Tempel errichten.

Um so interessanter erscheint mir die Jahresangabe für die Dauer des Exils des „Hauses Israel“, also des Nordreiches, der verbleibenden zehn Stämme.
Wenn den Jahreszahlen des Exilbeginns der Israeliten, der Verschleppung durch die Assyrer in den Jahren 722/721 v. Chr., 390 Jahre abgezogen werden, so errechnen sich die Jahre 332/331 v. Chr. Diese Zeit entspricht genau dem Beginn der hellenistischen Zeit, mit dem Sieg Alexanders über die Perser.

Das Assyrische Reich war bereits in den Jahren 614 - 608 v. Chr. durch das Babylonische Reich besiegt worden, bevor dieses wiederum 539 v. Chr. durch die Perser erobert wurde.
Während der neue Perserkönig wohlwollend gegenüber den Juden handelte, und diese aus ihrer Gefangenschaft entließ, bleiben die ebenso durch die Perser vereinnahmten ehemaligen assyrischen Gebiete mit den zehn Stämmen Israels unerwähnt. Das Ende des Perserreiches, durch die Eroberungen des Makedoniers Alexander in den Jahren 334 - 330 v. Chr., fällt genau auf den im Buch Ezechiel benannten Zeitraum der zu tragenden Schuld der zehn Stämme.

Kehrten die 390 Jahre zuvor in das Exil gegangenen Israeliten nach dem Fall des Perserreiches ebenso wieder nach Israel zurück, wie die Juden nach den gut 40 Jahren ihrer Verschleppung?
Es gibt diesbezüglich einige interessante Hinweise. Der Nachweis einer „physischen“ Rückkehr der zehn Stämme ist hier allerdings nicht das Ziel. Dies ist auch nicht erforderlich, um rein biblisch betrachtet aussagen zu können, dass die heutigen Palästinenser die zehn verlorenen Stämme Israels repräsentieren.
Doch zuerst möchte ich auf die Spuren hinweisen, welche ich bezüglich einer tatsächlich „physischen“ Rückkehr der zehn Stämme nach den durch Ezechiel prophezeiten 390 Jahren des Exils finden konnte. In den „Studien über die Sichem-Area“ von Karl Jaroš und Brigitte Deckert (jetzt Brigitte Jaroš-Deckert) wird über die im Bereich des ehemaligen Nordreichs Israels liegende Stadt Sichem festgehalten:
„Zu Beginn der hellenistischen Zeit ersteht Sichem mit einem neuen Antlitz. ... Im hellenistischen Sichem wurde kein Tempel gefunden. ... Die Gräber in Araq et-Tayih [bei Sichem] wurden in der hellenistischen Zeit wieder benützt bzw. neue, große, mehrkammerige Gräber in den Felsen geschlagen. ... Gegenüber der Perserzeit ist die Gegend Sichems in der hellenistischen Zeit wieder gut besiedelt: ...“ (Jaroš, Deckert; S.43 - 44)

Der letzte Satz ist besonders interessant, denn die Bibel beschreibt die Verschleppung der zehn Stämme durch die Assyrer (vgl. 2 Kön 17,23) und zugleich die Umsiedlung fremder Völker in deren Wohngebiete (vgl. 2 Kön 17,24).

Auch in den „Studien über die Sichem-Area" findet sich ein Hinweis auf eine möglicherweise erfolgte Umsiedlung fremder Völker in die ehemaligen Gebiete der zehn Stämme, wenn es zuvor über Sichem heißt: „Stratum V (Persische Zeit) zeigt ein schwaches Wiederaufleben der Stadt, ...". (Jaroš, Deckert; S.41) Dies ist anscheinend jedoch nicht mit dem späteren, deutlich erkennbaren Aufblühen Sichems zur hellenistischen Zeit vergleichbar, wenn berichtet wird: „Gegenüber der Perserzeit ist die Gegend Sichems in der hellenistischen Zeit wieder gut besiedelt." (Jaroš, Deckert; S.44)
Die Autoren der „Studien über die Sichem-Area" versuchen auch einen Grund für das Wiederaufblühen Sichems zu finden. Sie vermuten als die neuen Siedler Vertriebene aus Jerusalem und der Provinz Juda. Ich möchte darüber auch gar nicht weiter spekulieren, sondern will nur die Möglichkeit aufzeigen, dass eine „physische" Rückkehr der zehn Stämme durchaus stattgefunden haben mag.
Die Aussiedlung der zehn Stämme des Nordreiches Israel ohne Rückkehr, als letzter „Ist-Zustand", wird in der Bibel verstärkt, wenn es heißt: „So wanderte Israel aus seinem Land weg in die Verbannung nach Assur und *blieb dort bis zum heutigen Tag*."
(2 Kön 17,23)
Die Aussage „blieb dort bis zum heutigen Tag" verstärkt den Eindruck, die zehn Stämme wären für immer ausgesiedelt. Die Entstehung der Bücher der Könige wird allerdings in den Zeitraum von 560 - 538 v. Chr. datiert, also weit vor der hellenistischen Zeit, die mit dem Amtsantritt Alexanders 336 v. Chr. begann.
Es spricht vonseiten der Bibel meiner Meinung nach nichts dagegen, dass die zehn Stämme, zumindest teilweise, nach

Alexanders Eroberung des Persischen Reiches wieder in ihr Heimatland zurückgekehrt sind. Ezechiel deutet solches an, und es erscheint mir naheliegend, dass, wie auch die Juden, die zehn Stämme des Nordreiches Israel ihren Ursprung und ihre Heimat nicht vergessen haben.
Dass Alexander tatsächlich Verbannte wieder in ihre Heimat zurückkehren ließ, findet sich in einem Beitrag der Fischer Weltgeschichte. Allerdings nicht in Bezug auf die zehn Stämme, sondern bezogen auf die Rückführung der im Perserreich in der Verbannung lebenden Griechen:
„Im Zusammenhang mit den Weltherrschaftsplänen steht wohl auch der Befehl über die Zurückführung der griechischen Verbannten. Die Anordnungen Alexanders sind im Sommer 324 auf dem Olympischen Fest durch seinen Beauftragten Nikanor von Stageira verlesen worden. In diesem Erlass (Diagramma) Alexanders ist kaum der Versuch einer eigenmächtigen Einmischung in die innergriechischen Verhältnisse zu sehen. Was Alexander wollte, war vielmehr die innere Befriedung des Landes, die ihm im Hinblick auf seine noch auszuführenden Eroberungspläne im westlichen Mittelmeerraum von größter Bedeutung war. Im Übrigen hat sich Alexander als Protektor des Korinthischen Bundes durchaus für berechtigt gehalten, *das Problem der Verbannten durch eine besondere Verfügung endgültig zu lösen.*“
[Band 5: Die Mittelmeerwelt im Altertum I. Griechen und Perser: 15. Alexander und die Eroberung des Perserreiches (336 - 323 v. Chr.). Fischer Weltgeschichte, S. 3567 (vgl. FWG Bd. 5, S. 304)]

Inwieweit im Zuge dieser oder anderer Verfügungen auch die verbleibenden zehn Stämme aus ihrer assyrischen/babylonischen/persischen Verbannung zurückgezogen sein mögen, wird daraus nicht deutlich. Dies ist allerdings, rein biblisch betrachtet, auch nicht unbedingt erforderlich, wie ich jetzt zu zeigen versuche.

II. Die Palästinenser von heute als rechtmäßige Nachkommen Israels aus der Sicht der Bibel

Jüdische und christliche Bibelgelehrte sprechen von den „zehn verlorenen Stämmen".
So wird heute auch häufig von dem „Jüdischen Staat" gesprochen, und wie bereits zurzeit Jesu von den „Juden", und nicht mehr so sehr von den „Israeliten".

Das einzige Problem dabei ist, aus der Sicht der Bibel, dass GOTT das endzeitliche Heil *allen* Stämmen Israels verspricht.
„Am Ende der Tage werdet ihr es klar erkennen. In jener Zeit – Spruch des HERRN – / werde ICH der GOTT *aller Stämme Israels* sein / und sie werden MEIN Volk sein." (Jer 30,24–31,1)

Wo also sind die verbleibenden zehn Stämme Israels?
Wer ist es, dem neben den Juden das Recht auf ein Leben in Israel zusteht?

– Prophet Ezechiel verkündet:
„Das Wort des HERRN erging an mich: Du, Menschensohn, nimm dir ein Holz und schreib darauf: Juda und die mit ihm verbündeten Israeliten. Dann nimm dir ein anderes Holz, und schreib darauf: Josef (Holz Efraims) und das ganze mit ihm verbündete Haus Israel. Dann füge beide zu einem einzigen Holz zusammen, sodass sie eins werden in deiner Hand. Und wenn die Söhne deines Volkes dich fragen: Willst du uns nicht erklären, was das bedeuten soll?, dann antworte ihnen: So spricht GOTT, der HERR: ICH nehme das Holz Josefs (das in der Hand Efraims ist) und der mit ihm verbündeten Stämme Israels und lege es auf das Holz Judas. ICH mache sie zu einem einzigen Holz und sie werden eins in MEINER Hand. Die Hölzer, auf die du geschrieben hast, sollst du vor ihren Augen in deiner Hand halten.

Dann sag zu ihnen: So spricht GOTT, der HERR: ICH hole die Israeliten aus den Völkern heraus, zu denen sie gehen mussten; ICH sammle sie von allen Seiten und bringe sie in ihr Land. ICH mache sie in meinem Land, auf den Bergen Israels, zu einem einzigen Volk. Sie sollen alle einen einzigen König haben. Sie werden *nicht länger zwei Völker sein* und sich *nie mehr in zwei Reiche teilen.*" (Ez. 37,15–22)

Prophet Ezechiel lebte zur Zeit des Ersten Jüdischen Exils (vgl. Ez 1,2), zu einem Zeitpunkt, an dem die Israeliten des Nordreiches schon seit langem verschleppt worden waren. Das bedeutet, dieser Vers hat sich bis heute sicher nicht erfüllt. Wenn es also heißt: „Sie werden *nicht länger zwei Völker sein* und sich *nie mehr in zwei Reiche teilen*", so können meiner Überzeugung nach mit „Josef (Holz Efraims) und dem ihm verbündeten Haus Israel" heute nur die Palästinenser angesprochen sein. Denn welches Volk hat neben den Juden heute einen Anspruch auf Israel/Palästina, wenn nicht die Palästinenser?
Sollte sich dieser Vers wirklich noch erfüllen, dann bleibt gar keine andere Möglichkeit: Denn das Volk, das mit den Juden Israel/Palästina teilt, sind die Palästinenser.

Zudem beschreibt dieser Vers die heutige politische Situation in genau zutreffender Weise: Ein Land, das von zwei Völkern geteilt wird, die gleichermaßen Anspruch darauf erheben.
Doch es gibt noch einige weitere Verse, welche den Eindruck stärken, dass es sich bei den Prophezeiungen über die zehn Stämme Israels heute um die Palästinenser handelt.

In dem zuletzt angeführten Bibelzitat steht hinter Josef: Holz Efraims. Denn während das ehemalige „Südreich", das die Stämme Juda, Benjamin und Levi beinhaltet, durch den Stamm „Juda" vertreten wird, wird das ehemalige „Nordreich", wie ich gleich zeigen werde, durch den Stamm „Efraim" repräsentiert.

Prophet Jesaja spricht: „Denn das Haupt von Aram ist Damaskus / und das Haupt von Damaskus ist Rezin. Noch fünfundsechzig Jahre, dann wird Efraim zerschlagen, / es wird aufhören, ein Volk zu sein. Das Haupt von Efraim ist Samaria / und das Haupt von Samaria ist der Sohn Remaljas.[...]“ (Jes 7,8–9)

Samaria war die Hauptstadt des „Nordreiches“ Israel. Diese Verse bestätigen zunächst ohne Bezug auf die Palästinenser, dass vor allem der Stamm Efraim für das abgefallene Nordreich steht.

Doch sind mit „Efraim“ wirklich die heutigen Palästinenser angesprochen?
GOTT spricht durch den Propheten Hosea:
„*Efraim* wird zu einer schauerlichen Wüste, / wenn der Tag der Züchtigung kommt. ICH mache bei Israels Stämmen bekannt, / was fest beschlossen ist. *Die Führer Judas handeln wie Menschen, die Grenzsteine versetzen.* / ICH gieße meinen Groll wie Wasser über sie aus. *Efraim wird unterdrückt, / das Recht wird zertreten.*“ (Hos 5,9–11)

In Bezug auf die heutige Situation lässt sich wirklich feststellen: Die Juden verkleinern die rechtmäßigen Grenzen der Palästinenser, deren Rechte nicht geachtet werden.

„Denn ICH bin für *Efraim* wie ein Löwe, / wie ein junger Löwe für das Haus *Juda*. ICH, ja ICH, reiße (die Beute), / dann gehe ICH davon; ICH schleppe sie weg / und keiner kann sie MIR entreißen. ICH gehe weg, ICH kehre an meinen Ort zurück, / (und warte,) bis sie MICH schuldbewusst suchen, bis sie in ihrer Not / wieder Ausschau halten nach MIR.“ (Hos 5,14–15)

In diesem Zitat spricht GOTT von dem Schicksal der Deportation, aber auch von der erhofften und erwarteten Umkehr beider Stämme.

„*Efraim* lässt sich unter die Völker verrühren, / *Efraim* ist ein Brot, das man beim Backen nicht wendet. *Fremde zehren an seiner Kraft, / ohne dass er es merkt.* Auch werden seine Haare grau, / ohne dass er es merkt. Sein eigener Hochmut klagt Israel an; / doch es kehrt nicht um zum HERRN, seinem GOTT, / und sucht IHN trotz alldem nicht. *Efraim* ist wie eine Taube, / leicht zu betören, ohne Verstand. *Sie rufen Ägypten zu Hilfe / und laufen nach Assur.*" (Hos 7,8–11)
Auch diese Verse entsprechen wiederum sehr gut der heutigen Situation. Erstens durch die ausgedrückte Nähe „Efraims" zu den arabischen Nachbarn. Zweitens durch die Feststellung: *„Fremde zehren an seiner Kraft, / ohne dass er es merkt."*
Denn die Palästinenser glauben heute selbst, sie wären Araber und nicht Israeliten. Doch bezogen auf deren Rechte gegenüber dem Staat Israel bedeutet dies eine große Einschränkung. Denn als aus der Bibel nachweisbare Nachkommen Israels, sollte das Recht der Palästinenser auf eine Existenz in ihrer Heimat um so deutlicher werden.

„Seht, ICH bringe sie heim aus dem Nordland / und sammle sie von den Enden der Erde, darunter Blinde und Lahme, / Schwangere und Wöchnerinnen; / als große Gemeinde kehren sie hierher zurück. Weinend kommen sie / und tröstend geleite ICH sie. ICH führe sie an Wasser führende Bäche, / auf einen ebenen Weg, wo sie nicht straucheln. Denn ICH bin Israels VATER / *und Efraim ist* MEIN *erstgeborener Sohn*." (Jer 31,8–9)
Die Rückführung der Israeliten aus dem Nordreich und aus allen Ländern der Welt, eine Prophezeiung, welche ich in der „Einheit der Schrift" bereits in Zusammenhang mit der Rückkehr der Juden erwähnte, sollte also nicht nur den Stamm Juda betreffen, d.h. die Juden, sondern auch den Stamm Efraim.
Wie also könnte der Stamm Efraim einfach nicht mehr existieren und wer anderes sollte dieser Stamm sein, wenn nicht die Palästinenser?

„ICH höre gar wohl, wie *Efraim* klagt: / DU hast mich erzogen und ich ließ mich erziehen / wie ein ungezähmter Jungstier. Führ mich zurück, / umkehren will ich; / denn du bist der HERR, mein GOTT. Ja, nach meiner Umkehr fühle ich Reue; / nachdem ich zur Einsicht gekommen bin, schlage ich an meine Brust. Ich bin beschämt und erröte; / denn ich trage die Schande meiner Jugend. – Ist MIR denn *Efraim* ein so teurer Sohn / oder MEIN Lieblingskind? Denn sooft ICH ihm auch Vorwürfe mache, / muss ICH doch immer wieder an ihn denken. Deshalb schlägt MEIN Herz für ihn, / ICH muss MICH seiner erbarmen – Spruch des HERRN." (Jer 31,18–20)

„An jenem Tag wird der HERR seine Hand von neuem erheben, / um den übrig gebliebenen Rest seines Volkes zurückzugewinnen, von Assur und Ägypten, von Patros und Kusch, / von Elam, Schinar und Hamat / und von den Inseln des Meeres. ER stellt für die Völker ein Zeichen auf, / um die Versprengten Israels wieder zu sammeln, / um die Zerstreuten Judas zusammenzuführen von den vier Enden der Erde. *Dann hört der Neid Efraims auf, / die Feinde Judas werden vernichtet. Efraim ist nicht mehr eifersüchtig auf Juda / und Juda ist nicht mehr Efraims Feind.*" (Jes 11,11–13)

Deutet diese Prophezeiung nicht wirklich auf die heutigen Gegebenheiten?
Die Palästinenser sind eifersüchtig auf die Juden, welche die Kontrolle haben. Die Juden wiederum verhalten sich nicht sehr freundlich gegenüber den Palästinensern, die großteils nicht einmal ihr Heimatland betreten dürfen.

Wäre es nicht schön, wenn diese Prophezeiung in Erfüllung ginge?
Wird nicht spätestens hier deutlich, dass das von der Bibel beschriebene Konfliktverhältnis zwischen dem Nordreich Israel,

und dem Südreich Juda, genau das heutige Konfliktverhältnis zwischen Palästinensern und Juden wiederspiegelt?

„Wie könnte ICH dich preisgeben, *Efraim*, / wie dich aufgeben, Israel? Wie könnte ICH dich preisgeben wie Adma, / dich behandeln wie Zebojim? MEIN Herz wendet sich gegen MICH, / MEIN Mitleid lodert auf. ICH *will* MEINEN *glühenden Zorn nicht vollstrecken / und Efraim nicht noch einmal vernichten.* Denn ICH bin GOTT, nicht ein Mensch, / der HEILIGE in deiner Mitte. / Darum komme ICH nicht in der Hitze des Zorns. Sie werden hinter JHWH [die genaue Aussprache des Namen GOTTES ist heute nicht bekannt] herziehen. / ER brüllt wie ein Löwe, ja, ER brüllt, dass die Söhne vom Westmeer / zitternd herbeikommen. Wie Vögel kommen sie zitternd herbei aus Ägypten, / wie Tauben aus dem Land Assur. ICH l*asse sie heimkehren in ihre Häuser – / Spruch des* HERRN." (Hos 11,8–11)

Welches aus Israel zerstreute Volk lebt heute in Syrien und Ägypten, wenn nicht die Palästinenser?
Hosea endet mit den Worten: „Was hat *Efraim* noch mit den Götzen zu tun? / ICH, *ja* ICH, *erhöre ihn*, ICH *schaue nach ihm.* ICH bin wie der grünende Wacholder, / an MIR findest du reiche Frucht. Wer weise ist, begreife dies alles, / wer klug ist, erkenne es. Ja, die Wege des HERRN sind gerade; / die Gerechten gehen auf ihnen, / die Treulosen aber kommen auf ihnen zu Fall." (Hos 14,9–10)

Die Region des heutigen Westjordanlandes entspricht in weiten Teilen dem Stammesgebiet von Efraim. Es findet sich aber auch ein direkter Hinweis auf den zweiten palästinensischen Siedlungsbereich, den Gaza-Streifen:
„Aschkelon soll es sehen und sich fürchten, auch Gaza, und sie sollen gewaltig zittern, auch Ekron; denn ER lässt dahinschwinden, wonach sie Ausschau hielten. Verschwunden ist der König

aus Gaza, Aschkelons Thron steht leer. Ein Bastard herrscht in Aschdod, Ich zerschlage die Größe der *Philister.* Ich werde das Blut (das sie trinken) aus ihrem Mund nehmen und das, was Ich verabscheue, aus ihren Zähnen. *So werden auch sie zu dem Rest gehören, der unserem* Gott *zu eigen ist. Sie sind wie eine Sippe in Juda,* [...]." (Sach 9,6–7)

„Philister" ⇨
„Philistine" (engl.) = Palästina = Palästinenser.

Palästinenser wissen sehr genau über den Ursprung ihrer Landes- und Volksnamensgebung Bescheid. Sie stammt von dem Volk der Philister, welches die Stämme Israels nie vertreiben konnten, das aber heute nicht mehr existiert. Die Philister lebten in der Region um Gaza.

Wenn es also heißt: „*So werden auch sie zu dem Rest gehören, der unserem Gott zu eigen ist. Sie sind wie eine Sippe in Juda*", so wird meiner Überzeugung nach deutlich, dass mit dieser Prophezeiung nur die heutigen „Palästinenser" angesprochen sein können. Die Philister waren seither noch nie eine „Sippe in Juda".

Gott macht vielleicht anhand der jüngsten Geschichte der palästinensischen Autonomiegebiete sichtbar, dass sich das palästinensische Volk teilweise aus den Nachkommen der Stämme Israels und teilweise aus denen der Philister zusammensetzt. Während die „Hamas" die Kontrolle über den Gaza-Streifen übernommen hat, behält die „Fatah" im Westjordanland die Oberhand.

Es soll aber gewiss nicht darum gehen, die entstandene Trennung noch zu vertiefen, schließlich heißt es ja auch über die Bewohner der Region um Gaza: „So werden auch sie zu dem Rest gehören, der unserem Gott zu eigen ist. *Sie sind wie eine Sippe in Juda.*"

Aber vielleicht können Palästinenser und Juden anhand dieser Problematik erkennen, wie schnell ein Volk das zusammengehört, plötzlich gespalten sein kann.

Wünschenswert wäre also nicht nur die Wiedervereinigung des palästinensischen Volkes, also von den Anhängern der „Hamas“ und der „Fatah“, sondern ebenso die Wiedervereinigung des Volkes Israels, den Palästinensern und Juden.

Das erscheint mir auch die einzige wirkliche Lösung, die den Konflikt um den Tempelberg lösen kann. Denn egal wie sehr eine rein politische Lösung für den jüdisch-palästinensischen Konflikt angestrebt werden mag, sei es eine „Zwei-Staaten“ Lösung oder eine „Binationale“, d.h. zwei Nationen in einem Staat, der Tempelberg ist und bleibt der zentrale Streitpunkt.

III. Der Tempel Israels

Ich möchte hervorheben, dass es auch in diesem Fall um eine demokratische Entscheidung geht, und nicht um etwas, das den Menschen von außen oder von oben aufgezwungen wird. Erst wenn die Mehrheit der Muslime zu dem Ergebnis kommen, dass sie den Tempel so wollen, wie ihn GOTT durch SEIN Wort beschreibt, kann dies auch umgesetzt werden. Sind Muslime doch, als gläubiger Mensch sage ich natürlich durch GOTT gewollt, die Herren über den Tempelberg.

Für Muslime sollte also zunächst die Erklärung in Kapitel III.1. meines Buches „Einheit der Schrift“ im Vordergrund stehen, in dem ich die jüdische Bibel und das Evangelium als Grundlage des Koran, d.h. des Islam, erläutere.
Erst wenn diese Grundannahme als Voraussetzung angenommen wird, sollte jedem Muslim verständlich werden, dass so gehandelt werden sollte, wie es durch die Propheten vorgegeben ist.

Vor allem dann, ich hebe dies aufgrund der missbräuchlichen Verwendung der Heiligen Schrift im Lauf der Geschichte hervor, wenn diese Auslegung keinen Menschen-, Frauen- und Minderheitsrechten widerspricht.

Muslime stellten sich nur einmal vor, Christen hätten die Kontrolle über Mekka und hätten die Kaaba durch eine Kirche ersetzt. Welchen Segen hätte der Ort in und um Mekka dann noch?

So schön Kirchen an fast jedem Ort der Erde sein mögen, Muslime werden sicher verstehen, wenn ich sage, dass Mekka in diesem Fall nicht mehr annähernd den Segen bedeuten würde, den es heute hat.

Denn zu Mekka gehört ja auch der Besuch der Kaaba entsprechend dem Koran und den Überlieferungen des Propheten Muhammad, genauso wie der Lauf zwischen den Hügeln von Safwa und Marwa im Gedenken an die Magd Hagar und ihren Sohn Ismael, genauso wie die neben der Kaaba und Mekka für die Pilgerfahrt so wichtigen Orte von Arafat, Muzdalifa und Mina, wie auch einem Besuch in der Prophetenstadt Medina.

Zur Kaaba gehört also eine Fülle von Ritualen, deren Ausübung GOTT segnet.

Es kann also nur die Kaaba sein, welche im Mittelpunkt der Rituale in und um Mekka steht, entsprechend dem Koran und den Überlieferungen des Propheten Muhammad.
Genauso kann es nur der Tempel der Israeliten sein, welcher im Mittelpunkt der durch die Tora und die Propheten Israels beschriebenen Rituale auf dem Tempelberg in Jerusalem steht. Zumal dieser Tempel, im Gegensatz zur Kaaba, in seinen Maßen, in seinem Aussehen und in seiner Ausstattung durch die Propheten sehr genau beschrieben wird.
Der Tempel der Israeliten bedeutet ja genauso den Tempel bzw. die Moschee der Palästinenser. Der Tempel Jerusalems wird im Koran ausdrücklich erwähnt (vgl. III 37; III 39; XIX 11) und sicher nicht ohne Grund auch als „Moschee“ (vgl. XVII 1 u. 7) bezeichnet. Ein neuer Tempel bzw. eine Moschee Israels, den prophetischen Vorgaben entsprechend, könnte als ein großes Symbol für den Frieden und die Einigkeit Israels, des Nahen Ostens und der ganzen Welt erkannt werden. Er sollte auch nur dann gebaut werden, wenn die Mehrheit der dort ansässigen Menschen dies so möchte.

Ich gebe mir jetzt Mühe zu zeigen, dass ein zukünftiger Tempel keine Bürde sondern einen Segen für die Menschen bedeuten sollte, vor allem für Palästinenser, Juden und Araber.

Zunächst heißt es in der Bibel:
„Der HERR wird die Ägypter zwar schlagen, ER *wird sie aber auch heilen*: Wenn sie zum HERRN umkehren, lässt ER sich durch ihre Bitte erweichen und heilt sie. An jenem Tag wird eine Straße von Ägypten nach Assur führen, sodass die Assyrer nach Ägypten und die Ägypter nach Assur ziehen können. Und Ägypten wird zusammen mit Assur (dem HERRN) dienen. An jenem Tag wird Israel als Drittes dem Bund von Ägypten und Assur beitreten, zum Segen für die ganze Erde. Denn der HERR der Heere wird sie segnen und sagen: Gesegnet ist Ägypten, MEIN Volk, und Assur, das Werk MEINER Hände, und Israel, MEIN Erbbesitz." (Jes 19,22–25)

Hier wird deutlich, dass der Einigungsprozess von den arabischen Nachbarn Israels nicht nur mitgetragen und sondern sogar angestoßen wird.

Die Frage ist dabei, worin der große Segen – „für die ganze Erde" – eines Beitritts Israels, d.h. von Juden und Palästinensern, zu dem beschriebenen Bund besteht?
Ich sehe bei den Propheten Israels und im Koran jeweils *eine* mit paradiesischem Segen hervorgehobene *konkrete* Handlung. Die Bedeutung dieser beiden Textstellen ist also gar nicht hoch genug einzustufen.

Im Koran wäre dies die Befolgung der Heiligen Schrift in ihrer Gesamtheit: „Wenn sie die Tora und das Evangelium befolgten und was zu ihnen von ihrem HERRN hinabgesandt wurde [der Koran; die Propheten Israels], *wahrlich, dann speisten sie von dem, was über ihnen und zu ihren Füßen ist.*" (V 66)

Bei den Propheten Israels wiederum, in sehr ähnlichen Worten, wäre dies die Wiedererrichtung des Tempels/der Moschee Israels. „So spricht der HERR der Heere: Dieses Volk sagt: Noch ist die

Zeit nicht gekommen, das Haus des HERRN aufzubauen. Da erging das Wort des HERRN durch den Propheten Haggai: Ist etwa die Zeit gekommen, dass ihr in euren getäfelten Häusern wohnt, während dieses Haus in Trümmern liegt?“ (Hag 1,2–4)

„So spricht der HERR der Heere: Überlegt also, wie es euch geht. Geht ins Gebirge, schafft Holz herbei und baut den Tempel wieder auf! Das würde MIR gefallen und MICH ehren, spricht der HERR. *Ihr habt viel erhofft und doch nur wenig geerntet; und wenn ihr es einbrachtet, blies* ICH *es weg. Warum wohl?* – Spruch des HERRN der Heere. *Weil* MEIN *Haus in Trümmern liegt*, während jeder von euch für sein eigenes Haus rennt. *Deshalb hält der Himmel über euch den Tau zurück, und die Erde hält ihren Ertrag zurück.* ICH rief die Dürre über das Land und über die Berge, über das Getreide, über den Wein und das Öl, über alles, was der Boden hervorbringt, über Mensch und Vieh und über alle Arbeit eurer Hände.“ (Hag 1,7–11)

„*Deshalb hält der Himmel über euch den Tau zurück, und die Erde hält ihren Ertrag zurück.*“ (Hag 1,10) ist sehr ähnlich mit: „[...] *wahrlich, dann speisten sie von dem, was über ihnen und zu ihren Füßen ist.*“ (V 66)

Ich halte diese zwei Verse für sehr wichtig, weil sie auf eine für die Heilige Schrift besondere Art und Weise zwei unmittelbare Voraussetzungen beschreiben, die zu einem paradiesischen Segen führen: Erstens die Befolgung der Tora, des Evangeliums und des Koran im Allgemeinen (vgl. V 66) und zweitens im Besonderen die Wiedererrichtung des Tempels/der Moschee Israels (vgl. Hag 1,10).

Prophet Jeremia verkündet: „Ist MIR denn Efraim ein so teurer Sohn / oder MEIN Lieblingskind? Denn sooft ICH ihm auch Vorwürfe mache, / muss ICH doch immer wieder an ihn denken.

Deshalb schlägt MEIN Herz für ihn, / ICH muss MICH seiner erbarmen – Spruch des HERRN. Stell dir Wegweiser auf, setz dir Wegmarken, / achte genau auf die Straße, / auf den Weg, den du gegangen bist. Kehr um, *Jungfrau Israel*, / kehr zurück in diese *deine Städte*! Wie lange noch willst du dich sträuben, / du abtrünnige Tochter? *Denn etwas Neues erschafft der* HERR *im Land: / Die Frau wird den Mann umgeben.*“ (Jer 31,20–22)

„Die Frau“ steht für die *Jungfrau Israel*, in diesem Fall für Efraim im Besonderen, also entsprechend dieser Erklärung für die Palästinenser. „Der Mann“ steht für GOTT und SEINEM Tempel. Es ist also kein Zufall, dass die Palästinenser heute im Besitz des Bezirks auf und um den Tempelberg sind, wenn es heißt: „Denn etwas Neues erschafft der HERR im Land: / *Die Frau wird den Mann umgeben.*“

Weiter heißt es über den Tempel: „Am Ende der Tage wird es geschehen: Der Berg *mit dem Haus des* HERRN / steht fest gegründet als höchster der Berge; er überragt alle Hügel. / Zu ihm strömen alle Völker. Viele Nationen machen sich auf den Weg. / Sie sagen: Kommt, wir ziehen hinauf zum Berg des HERRN / und *zum Haus des* GOTTES *Jakobs*. ER zeige uns SEINE Wege, / auf SEINEN Pfaden wollen wir gehen. Denn von Zion kommt die Weisung des HERRN, / aus Jerusalem SEIN Wort.
ER spricht Recht im Streit der Völker, / ER weist viele Nationen zurecht. Dann schmieden sie Pflugscharen aus ihren Schwertern / und Winzermesser aus ihren Lanzen. Man zieht nicht mehr das Schwert, Volk gegen Volk, / und übt nicht mehr für den Krieg.“ (Jes 2,2–4, vgl. Mi 4,1–3)

Der Tempel Israels bedeutet also einen Friedensbund zwischen den Völkern, insbesondere zwischen Juden und Palästinensern, wie auch zwischen Arabern und Juden, und die friedliche Wallfahrt der Völker nach Israel.

Wie viel Freude haben die Menschen heute daran, alte Gebäude zu renovieren und in ihrer alten Schönheit wieder aufblühen zu lassen.

Die Bibel beschäftigt sich sehr ausführlich mit der Beschreibung der Ausmaße und Ausstattung des Tempels/der Moschee Israels (vgl. 2 Chr 1,18– 7,22; Ez 40,1–47,12), sowie mit Heiligtum und Kult (vgl. Ex 25,1–31,17).

Welchen Sinn sollten diese ausführlichen Beschreibungen haben, wenn nicht um den Tempel/die Moschee Israels wieder zu errichten?

Die Menschen könnten erkennen, welche herausragende Bedeutung der Tempel/die Moschee Israels für sie hat.

„Die künftige Herrlichkeit dieses Hauses wird größer sein als die frühere, spricht der HERR der Heere. *An diesem Ort schenke* ICH *die Fülle des Friedens* – Spruch des HERRN der Heere.“ (Hag 2,9)

Auch David und Jesus lassen keine Zweifel an der Bedeutung des Tempels. David sagt: „Denn der Eifer für DEIN Haus hat mich verzehrt.“ (Ps 69,10)

Eine Aussage, die sich bei Jesus Christus wiederholt:
„Das Paschafest der Juden war nahe und Jesus zog nach Jerusalem hinauf. Im Tempel fand er die Verkäufer von Rindern, Schafen und Tauben und die Geldwechsler, die dort saßen. Er machte eine Geißel aus Stricken und trieb sie alle aus dem Tempel hinaus, dazu die Schafe und Rinder; das Geld der Wechsler schüttete er aus und ihre Tische stieß er um. Zu den Taubenhändlern sagte er: Schafft das hier weg, macht das Haus meines VATERS nicht zu einer Markthalle! Seine Jünger erinnerten sich an das

Wort der Schrift: *Der Eifer für* DEIN *Haus verzehrt mich.*" (Joh 2,13–17)

Anmerkung: Paulus, dessen Lehre ich in meiner Ausführung über die „Einheit der Schrift" ausführlich in Frage stelle, erklärt die Bedeutung des realen Tempels für nichtig, indem er den Tempel symbolisch auf die Christen überträgt, so wie er das Judentum auf die Christen übertragen hat.
Paulus sagt: „Wisst ihr nicht, dass *ihr [Heidenchristen]* GOTTES *Tempel seid* und der Geist GOTTES in euch wohnt? Wer den Tempel GOTTES verdirbt, den wird GOTT verderben. Denn GOTTES Tempel ist heilig, *und der seid ihr.*" (1 Kor 3,16–17)
In der Apokalypse des Johannes, die ich in dem Buch „Einheit der Schrift" ebenso hinterfrage, fehlt der Tempel völlig: „*Einen Tempel sah ich nicht in der Stadt* [Jerusalem]. Denn der HERR, ihr GOTT, der Herrscher über die ganze Schöpfung, *ist ihr Tempel,* ER *und das Lamm.*" (Offb 21,22)

Auch der Koran erwähnt den Tempel Israels und verdeutlicht dessen Segen. Im Gegensatz zu Paulus und der Offenbarung des Johannes, aber im Einklang mit der Tora, den Propheten Israels und dem Evangelium.

„Und so nahm GOTT sie [Maria] von ihr [Marias Mutter] huldreich an und ließ sie in holdem Wachstum wachsen. Und Zacharias pflegte sie. *Sooft Zacharias zu ihr in den Tempel trat, fand er bei ihr Nahrung.* Da fragte er: ‚O Maria, woher hast du das?' Sie antwortete: *‚Es ist von* GOTT. *Fürwahr,* GOTT *versorgt, wen* ER *will, ohne zu rechnen.'*" (III 37)

Im Koran bedeutet der Tempel, entsprechend dem bereits angeführten Zitat aus der Bibel, einen großen Segen und Versorgung.

„*Und während er [Zacharias] zum Gebete im Tempel stand*, riefen ihm die Engel zu: ‚GOTT verheißt dir Johannes, den Bestätiger eines Wortes von GOTT, einen Herrn, einen Asketen und Propheten, einen der Rechtschaffenen.'“ (III 39)

„Da kam er [Zacharias] aus *dem Tempel* zu seinem Volk hinaus und bedeutete ihnen (durch Gesten): *‚Preiset (den* HERRN*) des Morgens und des Abends.'*“ (XIX 11)

Über welchen Ort berichtet der Koran solche Wunder und Zeichen?

Der Tempel Israels wird sogar als (fernste) „Moschee“ bezeichnet (vgl. auch XVII 7), und über den Tempelberg spricht der Koran: „Gepriesen sei DER, DER seinen Diener des Nachts von der unverletzlichen Moschee *zur fernsten Moschee* führte, *deren Umgebung [den Tempelberg] Wir gesegnet haben*, um ihm einige von Unseren Zeichen zu zeigen. Wahrlich, ER ist der Hörende, der Schauende.“ (XVII 1)

Im Koran wird nur sehr wenig als „gesegnet“ bezeichnet. Die einzigen gesegneten Orte sind die „unverletzliche Moschee“, welche die Kaaba in Mekka umgibt, und der Tempelberg, der den Tempel umgibt.
Das *Einzige* im Koran als gesegnet bezeichnete Land, und das gleich drei Mal, ist Israel/Palästina:
„Und zum Erbe gaben Wir dem Volk, das für schwach erachtet worden war [die Israeliten], den Osten und Westen *des Landstrichs, den Wir gesegnet hatten* [andere Übersetzungen verwenden die Gegenwartsform, also „gesegnet *haben*“, wie auch in den zwei folgenden Versen], und so wurde das gnädige Wort deines HERRN an den Kindern Israels erfüllt, weil sie standhaft geblieben waren. Und Wir zerstörten die Werke und Bauten Pharaos und seines Volkes.“ (VII 137)

„Denn Wir erretteten ihn [Abraham] und auch Lot in *das Land, das Wir für alle Welt gesegnet haben.*" (XXI 71)

Der Segen Israels, das wird bei dem zuletzt zitierten Vers besonders deutlich, ist also zugleich ein Segen für „alle Welt".

„Und Salomo (machten Wir) den Wind (dienstbar), *der nach seinem Gebot zu dem Land wehte, das Wir gesegnet haben.* Und Wir wussten um all diese Dinge." (XXI 81)

An dieser Stelle möchte ich auf eine Ursache für den immer wieder und an allen Ecken aufkeimenden „Antisemitismus" hinweisen. Der Koran erklärt: „Und sie folgten dem, was die Satane wider Salomos Reich vorbrachten. Nicht dass Salomo ungläubig war, vielmehr waren die Satane ungläubig, [...]" (II 102)

Nach jüdischer, christlicher und islamischer Lehre sind die Menschen guten und schlechten Einflüssen ausgesetzt. Der schlechte Einfluss lässt dabei immer dieselbe Vorgehensweise erkennen: Die Herzen der vermeintlich „Stärkeren" werden gegen die vermeintlich „Schwächeren" aufgereizt. So zum Beispiel gegen Minderheiten, Frauen und Juden, aber auch gegen die Tiere und die Umwelt.

Im besonderen Mittelpunkt der Einflussnahme steht dabei „Salomos Reich". „Salomos Reich" steht nicht nur für das Volk Israel, den Juden und Palästinensern, sondern auch für den Tempel /die Moschee Israels.

Antisemitismus ist also eine sehr eindrucksvolle Möglichkeit, um gleich zwei Dinge feststellen zu können: Einerseits eine gegen Israel gerichtete Kraft, die überall auf dieser Welt in den Herzen von Menschen wirksam zu sein scheint. Andererseits dadurch aber auch die besondere Bedeutung Israels und des Volkes Israels.

Zum Schluss noch eine Überlieferung des Propheten Muhammad, der Friede sei mit Ihm, mit einer, wie ich finde, interessanten Entsprechung.
„Wer sagt: ‚Ich bezeuge, daß es keine GOTTHEIT gibt außer ALLAH, DER keinen Partner hat, und daß Muhammad SEIN Diener und Gesandter ist, und daß `Isa (Jesus) der Diener ALLAHS, der Sohn SEINER Dienerin und SEIN Wort ist, das ER Maryam (Maria) entboten hat und von SEINEM GEIST‘, und (bezeugt), daß das Paradies wahr ist und das Höllenfeuer wahr ist, den läßt ALLAH ins Paradies eingehen, und zwar *durch irgendeine der acht Pforten*, die er selbst auswählt." (Bukhârî, Muslim und Ahmad Ibn Hanbal; zitiert aus: http://www.kaaba-online.de/daily_hadith_281.html am 02.07.2007; Quellenangabe: Al-Bayan CD-ROM V 2.0; Copyright (c) Harf Information Technology 2000)

Anmerkung: ALLAH (Arabisch) entspricht dem Namen GOTTES, den Jesus am Kreuz ausgesprochen hat. „ELI, ELI, lema sabachtani?, das heißt: Mein GOTT, mein GOTT, warum hast du mich verlassen?" (Mt 27,46): ELOHIM (Hebräisch) ⇔ ELOI (Mk 15,34) ⇔ ELI (Mt 27,46) ⇔ ALLAH (Arabisch).

Als ich mich wunderte, was mit den „*acht Pforten*" des Paradieses gemeint sein könnte, bin ich auf ein Bild des Tempelberges gestoßen (siehe S. 31).

Der Zugang zum äußeren Bereich des Tempels in Jerusalem hatte zur Zeit des zweiten Tempels acht Pforten.
Das Paradies wird im Koran allerdings als ein Ort beschrieben, „[...] der weit ist wie die Himmel und die Erde [...]." (III 133)
Es verwundert also ein wenig, wenn Prophet Muhammad einen räumlich sehr begrenzten Bereich zu umschreiben scheint, wenn er von einem Paradies spricht, welches durch acht frei wählbare Pforten betreten werden kann.

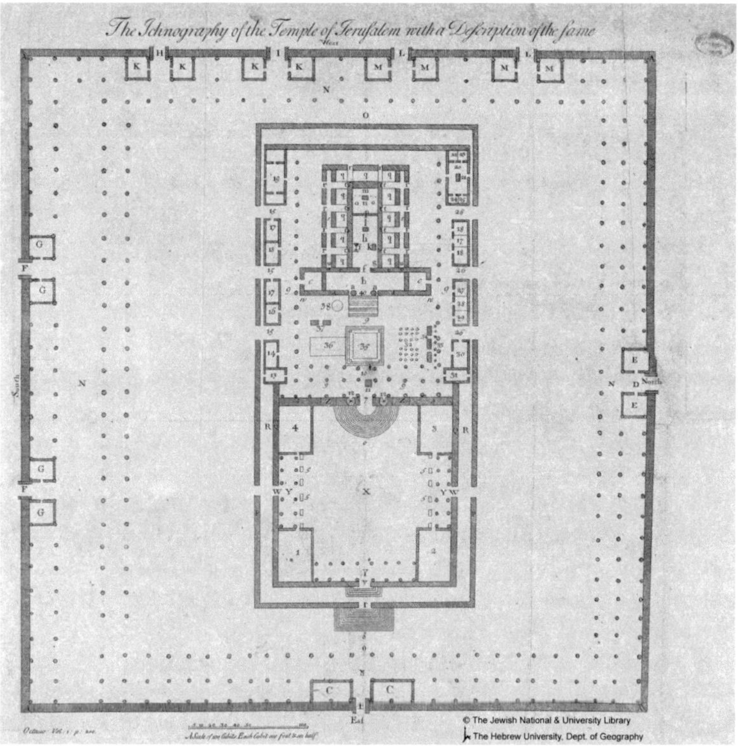

Humphrey Prideaux, 1648-1724, *The Ichnography of the Temple of Jerusalem with a description of the same, London 1725.*

(Quelle: Ancient maps of Jerusalem URL: http://jnul.huji.ac.il/dl/maps/jer/html/jer040.htm; The Jewish National and University Library, Shapell Family Digitization Project, Eran Laor Cartographic Collection and The Hebrew University of Jerusalem, Dept. of Geography, Historic Cities Project)

Es wäre möglich, dass die acht Pforten zum äußeren Bereich des Tempels die acht Pforten des Paradieses symbolisieren, von denen Prophet Muhammad spricht. Oder spricht Prophet Muhammad vielleicht sogar von den Pforten auf das Tempelgelände und dem mit dem Tempel verbundenen paradiesischen Segen?
Sehr symbolträchtig erscheint mir jedenfalls die Nachtreise Prophet Muhammads in den Himmel/ins Paradies – „al Israa", die ihren Ausgang sicher nicht zufällig genau von jenem Ort nimmt, wo einst der Tempel stand.
Ich will darüber nicht weitere Vermutungen anstellen, aber es wird neben der Kaaba in Mekka auf der Erde wohl kaum einen gesegneteren Ort geben als den Tempelberg, sobald dieser in seiner durch die Propheten beschriebenen Art und Weise genutzt werden kann.

Palästinenser und Juden könnten aufeinanderzugehen, indem Palästinenser dem Koran entsprechend die Tora, die Propheten Israels und das Evangelium als unverfälscht und für sie rechtsverbindlich anerkennen, und das Gelände am Tempelberg entsprechend zur Verfügung stellen.
Und indem Juden den Koran und das Evangelium als Wort GOTTES anerkennen, und ebenso die Palästinenser als rechtmäßige Nachkommen Israels, mit gleichen Rechten und Pflichten.

Nachwort

Eine Religion ohne Zwang und Gewalt, welche die Menschen verbindet, ein zentrales Heiligtum für alle Menschen, ein friedliches Israel, ein echter Mittelpunkt für die drei großen Schriftreligionen, all dies erscheint mir ein lohnenswertes Ziel.

Vor allem ein Ziel, welches dauerhafte Besserung für viele Probleme und Streitigkeiten verspricht.

So wie der Tempelberg heute als geographischer wie theologischer Mittelpunkt der Probleme im jüdisch-christlich-muslimischen „Nebeneinander" gesehen werden kann, so könnte dieser nicht nur spirituell, sondern auch politisch zum Symbol und Zentrum eines großen „Miteinander" werden.

Die theologische Grundlage für diesen Gedanken beschreibe ich in meinem Buch „Einheit der Schrift – die Tora und die Propheten Israels, das Evangelium und der Koran".

Wer diesen Grundgedanken mittragen möchte, den bitte ich dieses Buch zu lesen. Über Fragen und Anregungen freue ich mich, auch für Kritik bin ich jederzeit offen. Bitte schreiben Sie an: se.eds@web.de.

Der Friede und die Gnade des HERRN sei mit Ihnen.

Zeittafel

(ungefähre Zeitangaben aus „Die Bibel – Einheitsübersetzung")

1200 - 1020	Richterzeit
1020 - 1000	Saul, erster König Israels
1000 - 961	Regierungszeit Davids
961 - 931	Salomo
931	Zerfall des salomonischen Reiches in zwei Teile: Israel, d.h. Nordreich, und Juda, d.h. Südreich.
931 - 722	Könige von Israel und Juda
767 - 739	Prophet Hosea „*Die Führer Judas handeln wie Menschen, die Grenzsteine versetzen.*" (Hos 5,10)
739 - 734	Prophet Jesaja „*Dann hört der Neid Efraims auf, / die Feinde Judas werden vernichtet. Efraim ist nicht mehr eifersüchtig auf Juda / und Juda ist nicht mehr Efraims Feind.*" (Jes 11,13)
722	Eroberung Samarias und Untergang des Nordreiches.
641 - 609	Prophet Jeremia „*Am Ende der Tage werdet ihr es klar erkennen. In jener Zeit – Spruch des* HERRN *– / werde* ICH *der* GOTT *aller Stämme Israels sein / und sie werden* MEIN *Volk sein.*" (Jer 30,24-31,1)
722 - 586	Könige von Juda
604	„*Dieser (gemeint ist Nebukadnezzar II. von Babylonien) eroberte das Philisterland und verleibte es im Jahre 604 seinem Reich ein. Das ist das Datum, das üblicherweise als Schlusspunkt der Geschichte der Philister angegeben wird,...*" (aus WiBiLex.de: *Das wissenschaftliche Bibellexikon im Internet*)
586	Eroberung Jerusaelms und Untergang des Südreiches Juda
586 - 538	Babylonische Verbannung = Babylonisches Exil
586 - 538	Prophet Ezechiel „... *Sie werden nicht länger zwei Völker sein und sich nie mehr in zwei Reiche teilen.*" (Ez 37,22)
538	Kyrus von Persien erobert Babel und gründet das persische Weltreich
538	Edikt des Kyrus: Die Juden können nach Jerusalem zuückkehren.
um 525	Prophet Sacharja „... *So werden auch sie (gemeint sind die Philister) zu dem Rest gehören, der unserem* GOTT *zu eigen ist. Sie sind wie eine Sippe in Juda...*" (Sach 9,7)

Quellenangaben

Die Bibel, „Einheitsübersetzung“, Freiburg, 2001, 3-451-28000-0

Der Koran, arabisch-deutsch, aus dem Arabischen von Max Henning, überarbeitet von Murad Wilfried Hofmann, München, 2001, 3-7205-2188-5

Studien zur Sichem-Area, Karl Jaroš und Brigitte Deckert, Freiburg Schweiz / Göttingen, 1977, 3-7278-0180-8 oder 3-525-53321-7

Fischer Weltgeschichte, digitale Ausgabe, Berlin, 2004, 3-89853-519-3

Hinweis in eigener Sache
Das Buch *Einheit der Schrift* ist erschienen im EdS-Verlag, München, 2006, 978-3-939854-01-2